DE L'ENSEIGNEMENT

DE

L'HISTOIRE SAINTE

AUX SOURDS-MUETS

ET DE

SES RAPPORTS AVEC L'ENSEIGNEMENT

DE LA LANGUE FRANÇAISE

LETTRE A UN AMI

Par J. THÉOBALD,

Ancien professeur à l'Institution des Sourds-Muets
de Besançon, chargé du cours de 5ᵉ et de 6ᵉ année à l'Institution
impériale de Chambéry.

CHAMBÉRY

IMPRIMERIE DE F. PUTHOD, RUE DU VERNEY

—

1870

DE L'ENSEIGNEMENT

DE

L'HISTOIRE SAINTE

AUX SOURDS-MUETS

ET DE

SES RAPPORTS AVEC L'ENSEIGNEMENT

DE LA LANGUE FRANÇAISE

LETTRE A UN AMI

PAR J. THÉOBALD,

Ancien professeur à l'Institution des Sourds-Muets
de Besançon, chargé du cours de 5ᵉ et de 6ᵉ année à l'Institution
impériale de Chambéry.

CHAMBÉRY

IMPRIMERIE DE F. PUTHOD, RUE DU VERNEY

1870

A M. X..., professeur à l'Institution des
Sourds-Muets de D...

Cher ami,

Vous me faites part du découragement que vous éprouvez en voyant le peu de zèle qu'apportent vos élèves à l'étude de l'Histoire sainte, et vous me priez de vous communiquer mes observations à ce sujet.

Je vais essayer de vous satisfaire en vous exposant la marche que je suis et les motifs qui me l'ont fait adopter.

. . . .

La méthode intuitive est celle que j'ai suivie depuis 1860 jusqu'à présent pour l'enseignement de la langue française, et j'ai reçu les leçons sévères mais sages de ce grand maître que je consulterai toujours et qu'on appelle l'Expérience.

Tout à vous.

THÉOBALD.

Corinthe, le 6 février 1870.

DE L'ENSEIGNEMENT DE L'HISTOIRE SAINTE

AUX SOURDS-MUETS

ET DE

SES RAPPORTS AVEC L'ENSEIGNEMENT

DE LA LANGUE FRANÇAISE

Durant les trois premières années de son cours d'études, l'enfant sourd-muet est initié à la connaissance des principales formes du langage; quand son intelligence, stimulée par les exercices de mémoire et la composition de petits thèmes, est assez bien meublée de mots et de tournures de phrases, alors seulement il est bon de l'appliquer à l'étude de l'Histoire sainte.

L'Histoire sainte doit être enseignée à tous les sourds-muets :

Aux incapables d'apprendre la langue française, par le langage des signes;

Aux autres, par la langue française écrite.

L'Histoire sainte et la langue française deviennent pour nous, à la fois, but et moyen, en ce sens que nous amenons l'enfant à apprendre et à comprendre ce qu'il ne sait pas, par ce qu'il sait déjà, autant que la chose est possible.

C'est de ce dernier principe que nous nous occuperons ici.

L'Histoire sainte commence véritablement l'éducation morale et religieuse du sourd-muet; les faits contenus dans ce livre lui apprennent ce qu'est le monde que nous habitons, par qui et pourquoi il a été créé, comment il se soutient et se conserve; ils lui révèlent ce qu'il est lui-même, quelle est notre origine, notre nature, notre destination et notre fin.

Aucun autre livre ne peut mieux lui faire connaître d'une manière sensible la bonté, la puissance et la justice du Créateur. Rien n'est plus instructif et plus édifiant pour lui que de le mener, depuis l'origine du monde, à travers les faits émouvants, sublimes et merveilleux de l'Ancien Testament, jusqu'à l'établissement de la religion chrétienne; rien n'est plus propre à lui inspirer la crainte de Dieu et à disposer son cœur aux sentiments de piété.

Dans certaines écoles de sourds-muets, l'Histoire sainte est enseignée durant les trois ou quatre dernières années du cours d'instruction; dans d'autres, cet enseignement ne prend qu'une seule année, la quatrième ou la cinquième, selon les forces de l'élève.

On met ordinairement entre ses mains une des mille histoires saintes composées pour les enfants doués de l'ouïe et de la parole.

Voici ce qui arrive : le sourd-muet reçoit son livre avec de vives démonstrations de joie. Tout ce qui est nouveau l'enchante. Les premières leçons lui inspirent le plus grand intérêt; mais peu à peu l'intérêt fait place à l'indifférence; alors les leçons nouvelles demeurent pour lui sans attrait, et il n'étudie plus que par obéissance. Triste et stérile étude que celle où l'élève n'éprouve plus le même désir de voir la suite naturelle des faits racontés et où il tourne machinalement les feuillets d'un livre dont le contenu ne saurait l'émouvoir.

Ce fait, vous l'avez constaté vous-même, mais gardez-vous de l'attribuer à la mauvaise volonté du sourd-muet ou d'en tirer comme conséquence qu'il est impossible de lui enseigner l'histoire; ce serait être aveugle et injuste; un examen approfondi ne tardera point à vous révéler les causes qui paralysent la volonté de vos élèves.

Pauvre d'idées et non encore habitué à toutes les tournures, à toutes les expressions de la langue et à ses nombreuses anomalies, le sourd-muet ne peut comprendre nettement la plus grande partie des phrases écrites pour les parlants; les mots dont il connaît la signification sont peu nombreux; il est terre-à-terre, l'élever subitement trop haut serait une maladresse.

Ces abrégés d'histoire sainte, bien qu'ils aient été composés pour des enfants, ne sont pas à la portée du jeune sourd-muet. L'enfant parlant, au moment où il ouvre ce livre pour la première fois, a, sur le sourd-muet, l'avantage considérable d'être en possession de connaissances relativement assez étendues, acquises dans des causeries avec les personnes qui l'entourent. Il n'en est pas de même du sourd-muet : celui-ci, après deux ou trois ans d'efforts pénibles, ne possède encore qu'une nomenclature des plus élémentaires et une manière très imparfaite de s'exprimer en français. Il est évident qu'il comprendra, moins bien que l'enfant parlant, des leçons écrites dans un style relevé, parsemé de mots abstraits et d'expressions figurées. Ces expressions, qui sont lettres mortes pour lui, ont ordinairement pour résultat de jeter le trouble dans son esprit déjà assez embarrassé pour saisir les idées simples qui ne lui sont pas familières.

Voilà une des principales causes du découragement et de l'indifférence qu'apporte le sourd-muet dans l'étude d'un livre qui est pour d'autres un véritable plaisir. Ce n'est pas tout : le professeur se croit obligé de traduire le texte français en langage mimique, au lieu de faire opérer ce travail par les élèves eux-mêmes. Ainsi il jette dans leur esprit, d'un seul coup, une foule d'idées qu'ils n'avaient pas une demi-heure auparavant, et les élèves, désireux de montrer leur bonne volonté, étudient tant bien que mal les mots qui y correspondent; mais toute cette science s'en va aussi vite qu'elle est venue, et le lendemain ils sont à peine capables de narrer à leur tour ce qui les a si fort intéressés la veille.

L'art de faire entrer des idées dans la tête d'autrui, de les mettre à sa portée, de les digérer pour elle, est un art plus rare qu'on ne pense. Il ne suffit pas qu'elles soient bien liées, exposées dans un style pur et correct; l'important est de les présenter avec une méthode telle que l'enfant les saisisse sans hésitation, et, pour ce faire, employer une forme expositive en rapport avec le langage qui lui est propre.

Un des moyens par lesquels il arrive à comprendre les idées qu'exprime le texte écrit, c'est l'analogie de ces propositions avec les mots et les idées qu'il possède déjà. Ainsi c'est par des causeries enfantines bien dirigées (sans aucune mise en scène) que nous préparons son esprit à recevoir et à saisir les idées que le lendemain nous exposerons dans des leçons écrites. Dans ces causeries, attachons-nous à éviter toutes ces équivoques et toutes ces subtilités qui nuisent à la simplicité et à la clarté du style; laissons les idées croître naturellement et en petit nombre à la fois, c'est la meilleure manière d'atteindre notre but.

L'enfant qui vient de naître n'est pas nourri de mets recherchés inventés par l'art culinaire;

le sourd-muet est un enfant à l'esprit duquel il faut servir les aliments simples qui conviennent au premier âge. Bornons-nous avec lui à l'emploi des phrases excessivement élémentaires.

Indépendamment du style hors de la portée du sourd-muet, ces abrégés ont encore le désavantage d'être un peu trop volumineux. Le nombre des leçons en est trop considérable. L'enfant ne peut, dans le cours d'une année scolaire, parcourir tout au plus que la moitié du volume; si on remet la suite à l'année suivante, la trop grande multiplicité des faits lui fera oublier ce qu'il a appris précédemment. Ainsi il n'aura sur l'Histoire sainte que des notions vagues; il ne possédera jamais que des récits tronqués, des bribes éparses.

Vous vous plaignez que toutes vos recherches dans les librairies pour trouver une Histoire sainte à la portée de vos élèves soient demeurées infructueuses; cela ne me surprend aucunement; pendant huit ans j'ai fait comme vous, j'ai essayé une douzaine de ces petits volumes, mais les résultats en ont été stériles; naturellement, j'ai fini par où il aurait fallu commencer, c'est-à-dire par composer moi-même le livre. Je m'en suis tenu aux faits les plus importants, les plus intéressants et les plus utiles au point de vue de la morale et de la religion; j'ai réduit et simplifié considérablement les leçons, afin que deux par semaine soient suffisantes pour étudier le livre entier dans l'espace d'une année scolaire, en conservant ainsi la faculté de revenir de temps en temps sur les points qui auraient été les moins bien compris. Je vous engage à faire de même; vous n'aurez pas lieu de vous en plaindre.

Je n'ai pas l'intention de vous tracer un programme des différents sujets à mettre en leçons pour l'enseignement de l'Histoire sainte, mais qu'il me soit permis de vous exposer comment nous devons nous y prendre pour inculquer au sourd-muet le goût de la lecture, duquel dépendent les progrès qu'il fera dans l'étude en question.

Et d'abord, n'oublions pas que l'enseignement de l'Histoire ou de telle autre science n'a point uniquement pour objet de porter à sa connaissance certains faits sur lesquels doit s'exercer sa réflexion, mais que cet enseignement a aussi pour but de le former à la pratique de la langue française. Nous avons posé en principe que l'un et l'autre sont but et moyen.

Le sourd-muet vient dans nos écoles, non-seulement pour faire son éducation morale et religieuse, mais encore pour étudier la langue qui le mettra en relation avec les personnes au milieu desquelles il doit vivre, langue en laquelle sont écrits les livres qui développeront son instruction lorsqu'il sera rendu à la société.

Le langage des signes ne saurait être, en ce sens, qu'un moyen provisoire de communication et d'enseignement, utile dans l'école et dans l'école seulement.

Il importe donc que le sourd-muet sache suffisamment lire et écrire, qu'il comprenne bien ce qu'il lit et surtout qu'il aime la lecture.

Pour en arriver à ce point, nos leçons, tout en développant le cercle de ses idées, doivent être autant de modèles de style qu'il s'efforcera d'imiter.

Si nous voulons nous faire comprendre par écrit, si nous voulons que notre élève prenne plaisir à nous lire, servons-nous de son style précédemment corrigé, il retrouvera dans la leçon ses propres expressions, et se retrouvant lui-même, il prendra intérêt à la lecture.

Dans la composition de nos leçons, prenons garde que nos phrases, que nos périodes ne soient trop longues; l'enfant ne saisit que lentement le sens de la phrase à mesure qu'elle passe sous ses yeux, et souvent il hésite en voulant fixer la signification de telle ou telle proposition. Chaque alinéa doit servir de point d'appui ou de lieu de repos à sa réflexion. Autrement, arrivé à la fin du paragraphe, il s'efforcerait en vain de mettre de l'ordre dans ses idées et de se représenter l'ensemble de ce qu'il vient de lire.

Faisons donc des propositions très courtes,

mais complètes; mettons-les les unes sous les autres avec de nombreux alinéas, et autant que possible employons les expressions les plus simples; usons et abusons, s'il est nécessaire, des répétitions du même mot.

Résignons-nous, comme le dit si bien M. Valade-Gabel, à passer pour un esprit trivial, vulgaire, et à raisonner comme le fait une nourrice de bon sens.

Le sourd-muet ne saisit pas toujours du premier coup d'œil l'intelligence du texte écrit, il éprouve parfois une grande difficulté pour fixer les rapports des différents mots qui composent la phrase. Cela provient de la lenteur de l'opération qui se fait dans sa pensée; car, pour le plus grand nombre des sourds-muets, la lecture est une traduction intérieure du texte écrit en langage mimique; le sourd-muet pensant en signes comme nous pensons en paroles.

Il n'est donc point surprenant que certaines leçons le rebutent et qu'elles aient pour résultat de changer en dépit ses bonnes dispositions. Lorsque cela arrive, gardons-nous de persister et de lui imposer ce qui lui répugne; ce serait prendre un mauvais chemin, perdre la confiance qu'il a en nous et conséquemment multiplier les difficultés déjà si nombreuses que nous rencontrons pour lui faire saisir les corrélations qui existent entre les mots dont la phrase est construite.

Mettons tout amour-propre de côté, retirons notre leçon, étudions notre élève; lorsque nous nous serons rendu compte de tout ce qu'il sait déjà et de tout ce dont il est capable, alors seulement présentons-lui la leçon modifiée conformément aux connaissances qu'il possède.

Les pronoms et les pronoms relatifs en particulier prennent des significations si diverses et deviennent pour l'élève une si grande source d'embarras dans la traduction mimique d'une leçon, que je ne saurais me dispenser d'appeler toute votre attention sur ce point.

A mesure que le sourd-muet lit, il cherche à qui ou à quoi peuvent se rapporter les pronoms qu'il rencontre; souvent son incertitude se prolonge, et la confusion se complète si les pronoms sont trop nombreux. Pour remédier à cet inconvénient, il est nécessaire de citer les paroles des personnages mis en scène et d'employer le style direct pour l'exposé de leurs actions.

Exemples :

Dieu dit à Caïn :	*Dieu demanda à Caïn pourquoi il était jaloux de son*
« Pourquoi êtes-vous jaloux de votre frère?	*frère; il lui dit que s'il faisait*
« Si vous faites bien, je vous récompenserai; mais si vous faites mal, je vous punirai. »	*bien, il le récompenserait, mais que s'il faisait mal, il le punirait.*

Lorsque Joseph fut près de mourir, il dit à ses frères assemblés autour de lui :	*Lorsque Joseph fut près de mourir, il dit à ses frères assemblés autour de lui que Dieu renouvellerait avec eux l'alliance qu'il avait faite avec*
« Dieu renouvellera avec vous l'alliance qu'il a faite avec Abraham.	*Abraham, qu'il les conduirait dans la terre de Chanaan qu'il*
« Il vous conduira dans la terre de Chanaan qu'il a promis de donner à Abraham, à Isaac et à Jacob.	*avait promis de donner à Abraham, à Isaac et à Jacob; il les pria d'emporter avec*
« Emportez avec vous mes os dans la terre promise. »	*eux ses os dans la terre promise.*

Je ne crois pas nécessaire de vous indiquer lequel de ces deux modes il est préférable d'employer, afin d'être bien compris des enfants qui ordinairement éprouvent assez de difficulté pour se rendre compte de la signification des pronoms.

Il importe, en vue d'augmenter le nombre des mots qui lui sont familiers, d'ajouter à chaque nouvelle leçon un certain nombre de mots qui ne lui sont pas encore connus. Efforçons-nous, sans le secours des signes, de lui en faire comprendre le sens par écrit en nous servant d'expressions équivalentes qu'il connaît déjà. A cet effet, la veille du jour où la leçon sera donnée, faisons au tableau des exercices de langue française qui rouleront principalement sur ces expressions; ce n'est que dans la séance suivante que nous donnerons la leçon en question. Les mots entrent alors dans la pensée de l'enfant avec une signification un peu vague, j'en conviens; mais employés à plusieurs reprises dans des circonstances diverses, cette signification prend une consistance progressive et toute la portée ne tarde pas à en être parfaitement saisie.

Ce procédé, moins rapide que la traduction mimique, laisse des traces plus profondes, lie mieux le mot à l'idée, concentre plus efficacement l'attention de l'enfant sur l'écriture, le dispose davantage à se servir de celle-ci pour énoncer sa pensée; enfin il l'habitue plus facilement et plus promptement à la compréhension directe du texte écrit sans la traduction préalable en langage mimique. Nous ne saurions trop insister sur l'utilité de cet exercice; c'est l'un de ceux qu'on emploie le plus fréquemment dans l'application de la méthode intuitive.

L'enseignement de l'histoire est si intimement lié à celui de la langue, comme je viens de vous le prouver, qu'il me sera bien permis de jeter un rapide coup-d'œil sur les différents moyens qui concourent à l'instruction du sourd-muet et d'exposer dans quelle mesure je crois bon d'employer les uns et les autres.

Le langage des signes est le moyen par excellence pour développer l'intelligence de l'enfant privé de l'ouïe; à l'aide de ce langage, l'instituteur est en état de donner une extension rapide aux connaissances du sourd-muet, de former son jugement, ses opinions, de lui suggérer des idées et pour ainsi dire de le transformer du jour au lendemain. Cependant l'enseignement par la voie des signes, aussi agréable au maître qu'à l'élève, est peu propre à faire contracter à celui-ci l'habitude de se servir de l'écriture. Il n'est point rare de rencontrer des hommes qui en font, de la meilleure foi du monde, le pivot de l'éducation entière du sourd-muet. Les conséquences en sont plus désastreuses qu'on n'oserait le supposer; entre autres, les explications mimiques détournent l'attention de l'enfant de la phrase écrite dont la syntaxe n'a aucune analogie avec celle des signes.

A l'aide de ceux-ci, le maître se fatigue moins, il est vrai, et peut rendre sans peine les idées les plus difficiles à énoncer de vive voix, surtout lorsqu'il sait employer la localisation qui est l'âme de la narration mimique; en outre, l'enfant conçoit plus vite, mais peu à peu la phrase écrite finit par ne lui paraître plus qu'une simple formule, bonne à introduire partout pour exprimer une idée analogue à celle de la phrase dont la traduction lui a été faite en langage des signes. Par là, il perd toute initiative, la construction française devient pour lui un travail énorme qu'il évite autant que possible. Il se fait compilateur, et quel compilateur ! il entasse phrase sur phrase d'après les idées qu'elles semblent reproduire, toùte sa science n'est qu'une véritable tour de Babel.

Mais, chose digne de remarque, moins le langage des signes intervient dans l'enseignement du français, plus l'élève montre d'aptitude pour s'exprimer par écrit. Il semblerait résulter de ce fait que la mimique devrait être bannie de l'enseignement ; le croire serait paraître un peu trop exclusif ; les signes ont leur utilité, cela est incontestable, mais aussi ne faut-il en user qu'avec modération et réprimer notre impatience de voir s'étendre les connaissances de l'élève. Ne les développons qu'à mesure qu'il y a de sa part progrès dans le langage écrit, à quoi bon les étendre outre mesure si on ne lui donne pas en même temps le moyen d'en tirer un usage utile.

Il en est du langage des signes comme de ces remèdes qui, pris à une dose trop forte, tuent au lieu de guérir. Considéré moralement, le sourd-muet est un malade qu'il s'agit de rendre à la santé, c'est-à-dire de lui donner la connaissance de lui-même et des objets qui l'entourent ; ensuite de lui procurer les moyens d'entrer en relation avec ces derniers. Pour le premier point, le langage des signes suffit dans une certaine mesure; pour le second, l'écriture est absolument indispensable.

L'écriture doit être au sourd-muet intelligent ce que la parole est pour l'entendant-parlant et ce que le langage des signes doit être pour le sourd-muet arriéré, incapable d'apprendre le français. Prétendre le contraire, c'est dénier au sourd-muet le droit de se mettre en relation directe avec les personnes autres que ses frères d'infortune. Rompu à la mimique et non à l'écriture, quelle sera sa position dans la société des parlants peu soucieux d'apprendre son langage naturel? Poser la question, c'est la résoudre. Pour démontrer l'évidence de cette proposition, les preuves ne nous manquent point.

J'ai connu des sourds-muets instruits par le langage des signes, hommes du monde, aimables causeurs, pourvus d'une érudition *mimique* extraordinaire, parlant politique, arts, sciences, littérature; développant leurs idées sur les uns et les autres avec une facilité et une justesse d'appréciation tellement remarquable qu'ils provoquaient mon admiration. Eh! bien, de temps en temps ils venaient me prier de *corriger* des lettres dont un enfant de huit à dix ans aurait eu honte de se déclarer l'auteur.

« Cette situation fâcheuse me pèse, nous disait l'un d'entre eux, je donnerais volontiers tous les signes que je sais faire, ma brillante instruction *mimiqué*, pour être en état d'écrire de ma propre main et sous l'inspiration de ma pensée une page, une seule page de cette langue que parlent ceux qui m'entourent! »

Ainsi, pour l'étude de l'histoire, nous proscrivons absolument les traductions mimiques exécutées par le maître dans le but de faire mieux comprendre le texte placé sous les yeux des élèves. Ces narrations théâtrales, où le professeur joue le rôle de comédien, ont le défaut capital de rendre paresseux l'esprit de l'enfant, de l'amuser au lieu de l'instruire, de le faire rire ou de l'étonner, au lieu de le faire réfléchir; enfin, comme nous l'avons dit, de diriger exclusivement son attention sur la phrase mimique, au détriment de la construction française, comme il n'y est déjà que trop porté naturellement.

Usons du langage des signes avec les sourds-muets incapables d'apprendre le français pour leur enseigner l'Histoire sainte; mais, avec les autres, n'employons ce langage que pour nous assurer qu'ils ont compris notre leçon. Ne la leur faisons pas réciter tout entière à tour de rôle; exigeons seulement qu'ils en traduisent chacun une ou deux propositions. Si un tel éprouve des difficultés pour exprimer en signes une phrase quelconque, faisons-la traduire par un autre ; c'est le principe de l'enseignement mutuel. Enfin, si aucun d'entre eux ne parvient à la rendre d'une manière satisfaisante, au lieu d'en faire la traduction nous-même et de la commenter en langage des signes, simplifions, modifions cette phrase en y introduisant des tournures ou des expressions plus élémentaires, sans toutefois lui ôter sa signification primitive.

L'enfant ne retient que ce qu'il a compris parfaitement et sans trop d'efforts; lorsqu'il ne comprend pas, soyons sobres d'explications, car trop d'insistance le trouble au lieu de l'éclairer.

Parmi les autres moyens qui concourent à l'instruction du sourd-muet, il en est deux encore que nous n'avons garde de passer sous silence : c'est d'abord la dactylologie, qui dérive de la langue écrite et qui suppose la connaissance de celle-ci. De même que celui qui a appris à écrire peut fixer ses paroles sur le papier, celui qui connaît les vingt-quatre dispositions de la main peut les employer au lieu de la parole ou de l'écriture. Ainsi la dactylologie ne serait rien sans la préexistence des figures conventionnelles nécessaires à rendre la pensée.

Quoique fugitive et dépourvue de ces intonations qui frappent le sens auditif et qui laissent dans le cerveau des impressions si vives,

elle est d'un grand secours et rend des services
réels dans l'enseignement de celui qui est privé
de l'ouïe, tant comme moyen d'étude et de
répétition que comme un moyen d'explication
dans les circonstances où l'écriture prendrait
trop de temps.

Il est bon d'alterner les exercices écrits avec
les exercices dactylologiques, mais ceux-ci
demandant une attention visuelle trop concen-
trée, il ne faut en user qu'avec réserve dans
l'intérêt des jeunes élèves.

Il serait superflu de démontrer l'immense
avantage que procure au sourd-muet l'enseignement de l'articulation; nous l'apprécions mieux
que personne, car en perdant l'ouïe, nous avons
conservé l'usage de la parole, et ce n'est pas
sans une grande et légitime satisfaction que
nous voyons des instituteurs s'efforcer d'en
doter le plus grand nombre de leurs élèves et
ainsi les rapprocher d'une manière sensible de
l'entendant-parlant. La distance qui sépare le
sourd de celui-ci diminue encore par l'habitude
qu'on lui fait contracter de lire la parole sur
les lèvres. On reproche cependant à ces hommes de n'obtenir que des résultats imparfaits.
Ces reproches sont injustes, on ne leur tient
aucun compte des obstacles qu'ils ont à sur-
monter; quelle que soit la perfection ou l'im-
perfection avec laquelle l'élève prononce les

mots, pourvu que ceux auxquels il s'adresse le comprennent, l'avantage est déjà incontestable. A l'impossible nul n'est tenu, et celui qui fait parler les muets moins que tout autre.

Le sourd, parlant et lisant la parole sur les lèvres, n'est plus un étranger au milieu des personnes douées de toutes leurs facultés ; nous ne saurions en dire autant de celui qui communique à l'aide de l'écriture ; quant à celui qui ne possède que le langage des signes, à n'importe quel degré de perfection, il voit s'élever devant lui un mur infranchissable.

C'est par un emploi judicieux des signes de l'écriture et des autres moyens que nous venons d'indiquer, que nous pouvons espérer de bons résultats tant pour l'étude de l'Histoire sainte que pour celle de la langue française ; l'abus des signes, objet de la prédilection des sourds-muets, engendre des effets opposés à ceux sur lesquels on est en droit de compter.

. . . .

Pour terminer, je recommande à votre attention une remarque générale fort importante : ne perdons pas de vue, dans la composition de nos leçons, que nous nous adressons à des enfants et non à des hommes. Ayons un but plus grand et plus noble que celui d'orner leur esprit ; efforçons - nous de faire germer et croître dans leur cœur les semences de la vertu

que la divine Providence y a déposées ; que
notre conduite soit conforme à nos préceptes
et aux récits d'actions méritoires que nous
mettons sous leurs yeux ; c'est la véritable
manière de nous faire aimer de l'enfant et de
gagner sa confiance. Considérons cette physio-
nomie où respire l'innocence ; l'expression de
ce visage où la nature a mis un charme particulier, réveillera en nous instinctivement toute
la bonté, la sympathie dont notre cœur est
capable. Au délicieux aspect de ce front ingénu,
écartons la triste pensée que cet enfant peut
devenir plus tard un homme assujetti à des
passions viles et basses ; occupons-nous de
son présent, aidons-le à récolter pour l'avenir,
avec l'espérance qu'il se montrera digne de nos
peines et de nos sacrifices. Ayons toujours
devant les yeux, pour régler nos actes, l'exem-
ple de notre premier instituteur, de ce prêtre
vénérable, de ce bienfaiteur de l'humanité, de
cet homme comme la religion seule peut en
inspirer, de cet apôtre qui, marchant sur les
traces de son divin Maître, a dit comme lui :
« Petits enfants, venez à moi »

3774. — CHAMBÉRY, IMPRIMERIE DE F. PUTHOD, 24, RUE DU VERNEY.

www.ingramcontent.com/pod-product-compliance
Ingram Content Group UK Ltd.
Pitfield, Milton Keynes, MK11 3LW, UK
UKHW022243070726
13613UKWH00005B/2090